AF349526

LES TRAVAUX PUBLICS

DE PARIS.

1806.

A PARIS,

DE L'IMPRIMERIE IMPÉRIALE.

Décembre 1806.

LES

TRAVAUX PUBLICS

DE PARIS.

1806.

STANCES.

Quand retentit au loin le cliquetis des armes ;

A des travaux nombreux, sans relâche assidus ;

Les enfans de Vitruve, en cent lieux répandus ;

De l'antique cité renouvellent les charmes.

En un séjour divin Paris est transformé.

Par-tout des quais, des ponts, des fontaines s'élèvent,

  Et des palais s'achèvent ;

Comme si de Janus le temple était fermé.

Beau jardin, que de fleurs chaque saison couronne,

Beau jardin, pour nos rois par Lenôtre planté,

Mais embelli sans cesse et sans cesse augmenté,

Quelle grille imposante aujourd'hui t'environne !

Tes murs semblaient jadis emprisonner les arts :

Maintenant ton château, ton parterre, tes arbres,

Tes bassins et tes marbres,

Du peuple stupéfait enivrent les regards.

Sortez de vos tombeaux, peintres des trois écoles !

Apollon, dans son char, planant sur l'Univers,

Éclaire enfin d'à-plomb vos chefs-d'œuvre divers :

Venez.... Que ses rayons vous servent d'auréoles !

Jusqu'à la fin des temps votre asile est certain.

Du pavillon de Flore au pavillon du Louvre,

Les arcades qu'on ouvre

Gardent le Muséum des fureurs de Vulcain.

Mais j'ai nommé le Louvre.... Il faut qu'on le vénère,

Cet édifice antique au dehors rajeuni !

Encore un seul printemps, et le Louvre fini

De Minerve, à jamais, sera le sanctuaire.

O livres, par Colbert rassemblés autrefois,

Quittez votre berceau que chaque siècle encombre :

Quel que soit votre nombre,

Votre place est marquée au palais de nos Rois.

Tandis que les neuf Sœurs, de leur tâche alarmées,

Adressent au dieu Mars des hommages tremblans,

Cybèle s'en indigne, et fait hors de ses flancs

Croître un arc de triomphe en l'honneur des armées (1).

Toi sur qui se déborde un torrent d'ouvriers,

O place de l'Étoile, à ton nom sois fidelle !

Tu rappelleras celle

Qui préside aux destins du plus grand des guerriers.

______

(1) Le monument de l'Étoile-Chaillot.

Quel autre monument lève sa tête altière (1),

Rival de l'obélisque érigé pour Trajan?

Que l'œil n'y cherche point le porphyre ou l'argent,

Quand la victoire seule en donna la matière.

Des Rois ligue impuissante, examine et pâlis!

NAPOLÉON-LE-GRAND forgea cette colonne

Des canons que Bellone

Fit tomber dans ses mains aux plaines d'Austerlitz.

Citoyens! le Monarque avait dit à Mercure:

« Paris et ses faubourgs, dans leur immensité,

» Ne doivent plus former qu'une même cité;

» Les arts en souriront si la Seine en murmure. »

Et le dieu du commerce a compris le héros;

Il a frappé trois fois, avec son caducée,

La Seine courroucée;

Trois ponts, dignes de Rome, ont jailli de ses flots (2).

(1) La colonne de la place Vendôme.
(2) Les ponts des Arts, de l'École militaire, et d'Austerlitz.

Citoyens ! le Monarque avait dit à la Seine :

« Mandez chaque Nayade, et qu'une urne à la main,

» Du matin jusqu'au soir fidelle à son chemin,

» Elle baigne la ville et la rende plus saine ! »

Déjà mainte Nayade, active à peu de frais (1),

Sur le sol de Lutèce épanche une eau limpide,

Et sa course rapide

Autour de vos maisons appelle un air plus frais.

⌇⌇⌇⌇

Et combien le transport des champêtres denrées

Obstruait en plein jour nos quartiers populeux !

Combien de leurs vendeurs les propos scandaleux

Ont fait rougir, hélas ! les Grâces éplorées !

Des marchés spacieux détruiront ces abus (2) :

Sans embarras, sans bruit, Cérès, Pomone et Flore,

Dans le char de l'Aurore,

Pourront jusqu'à la ville apporter leurs tributs.

---

(1) Les fontaines coulent provisoirement, avant d'être revêtues de leurs ornemens.

(2) Le marché des Jacobins.

Sans doute je voudrais, dans mon élan civique,

Signaler tour à tour au marteau destructeur

Tous ces quartiers étroits qu'obscurcit leur hauteur;

Je voudrais à maint temple accorder un portique (1);

Je bâtirais ensuite autour du Panthéon..... (2);

J'abattrais un vieux pont qui cherche à se défendre (3);

Je ferais, de sa cendre,

Au profit des beaux-arts, renaître l'Odéon.....

~~~~~

Mais d'un zèle indiscret je sais me rendre maître:

Quand l'astre de la paix luira pour les humains,

Ce qu'est NAPOLÉON à tous les souverains,

A toutes les cités Paris saura bien l'être.....

Par d'immenses travaux d'avance on l'embellit;

D'en acquitter les frais quand le trésor s'empresse,

L'or qu'il répand sans cesse,

Se divise, y remonte et de nouveau l'emplit.

---

(1) Saint-Eustache n'a pas de portail, et Saint-Gervais craint pour la solidité du sien.
(2) Les Écoles de droit n'ont pas de construction parallèle.
(3) Le pont Saint-Michel.
~~~~~

Noirs Autans, qui, jaloux d'un aussi bel automne,

Commencez à mugir autour de nos climats,

Gardez qu'avant l'hiver de précoces frimas

N'arrêtent des travaux que l'Empereur ordonne...

Mais, à sa voix, Phœbus n'a-t-il pas toujours lui?..

Opposant tour à tour leurs glaces, leurs tempêtes,

Au cours de ses conquêtes,

Les saisons, quand il veut, reculent devant lui.

PIIS, *Membre de la Légion d'honneur,*
Secrétaire général de la Préfecture de police.

IMPRIMÉ

Par les soins de J.-J. MARCEL, Directeur général de
l'Imprimerie impériale, et Membre de la Légion d'honneur.